ESSAI

SUR

LA SITUATION.

ESSAI

SUR LA

SITUATION,

PAR

LE DR LHUILLIER.

> Si je me mêlais à la politique par plaisir ou par vanité, on aurait raison de me reprendre; mais si je m'y mêle par devoir et comme tout passager dans un gros temps met la main à la manœuvre, on a tort.
>
> J'aimerais mieux chanter sur le pont, mais il faut monter à la vergue et prendre un ris, ou déployer la voile.
>
> LAMARTINE.

NANCY,

Imprimerie et Librairie de NICOLAS, passage du Casino.

1848.

I.

LA PAIX.

Lorsqu'on essaie au milieu du trouble de toutes ces passions qui agitent la France jusque dans ses entrailles, de sonder le fond de la conscience publique, on y rencontre un doute qui semble donner l'explication de toutes les difficultés qui surgissent. La France est-elle à la veille d'une régénération, ou doit-elle suivre, malgré l'avénement de la République, la pente d'une décadence dont le terme reste inconnu? Voilà ce que se demandent une foule d'esprits inquiets, qui n'acceptent qu'à demi tous ces triomphes sans lendemain et se croient au moindre bruit à la veille d'une catastrophe. Certes il est difficile de donner à cette question une réponse complètement affirmative; car au milieu de cette vie insolite que nous menons, l'œil du diplomate le plus exercé ne peut distinguer bien loin devant lui. La décadence, les poètes et les romanciers nous l'ont chantée depuis longtemps sur les tons les plus divers, et la terre que nous habitons est en effet jonchée de ruines, ruines morales et ruines physiques; que surgira t-il de ces débris? Un monde nouveau? Peut-être; voilà le grand doute de l'époque!

La vie d'un peuple n'est pas éternelle, et l'histoire nous a suffisamment appris comment les empires naissent et meurent : Rome avec laquelle la France a une grande analogie d'action, après avoir élevé sur le pavois, toutes les classes les unes après les autres, pour en prendre en quelque sorte la sève de réserve, ne sut se régénérer à la source du christianisme, elle ne put que lui prêter un moment l'appui de sa grandeur éclipsée, sans retarder d'un seul jour son affaissement et sa ruine. La France subira-t-elle la même destinée ?

Déjà elle élève à son tour, vers la puissance, les classes inférieures; a-t-elle besoin comme Rome, de puiser en elles une énergie nouvelle, une sève plus jeune? Nul ne le sait; mais l'histoire des 17 dernières années nous rappellera toujours la facilité avec laquelle nous nous laissons aller au sommeil de la décadence; elle sera pour nous non seulement un avertissement, mais encore une grande et douloureuse leçon.

Ne nous imaginons pas que l'œuvre soit terminée,

parce que nous voyons la royauté s'en aller suspendre aux saules de l'exil sa couronne impuissante ; car elle a laissé, disséminés partout, ses regrets, ses espérances, ses fidélités et ses complices. Nous avons renversé un trône, mais l'esprit qui s'asseyait sur ce trône domine encore ; ce qui gouvernait hier la France, et par conséquent l'humanité, c'était l'esprit jésuitique, l'esprit antichrétien. Or, le jésuitisme n'est plus seulement relégué dans les sombres demeures des Sulpiciens ou des Frères ; il est répandu partout, invisible comme un poison dans l'air ; il s'est incarné même jusque dans la partie administrative de la France, et c'est de son sein que sont sortis tous ces conservateurs qui savaient si bien dégoûter la nation des intérêts et des espérances politiques, sorte de boulets attachés aux pieds de la France pour la tenir confinée éternellement dans le monde des petites choses.

Ne nous plaignons pas seulement du désordre de nos finances ; cela n'est rien et peut se réparer ; mais ce que nous devons amèrement déplorer surtout, c'est le désordre jeté dans nos ressources morales par ce jésuitisme moderne ; car ce qu'il est surtout difficile de refaire, ce sont les brèches faites à la conscience publique par le scepticisme, l'indifférence et la peur ; et c'est de ce côté que nous devons diriger toutes nos forces. Si la République a levé la chappe de plomb qui arrêtait l'essor de l'esprit moderne, elle n'a pas encore fait évanouir toutes ces mollesses, toutes ces lâchetés, toutes ces apostasies qui jonchent le sol, hideux et nombreux enfants d'un même père; voilà pourquoi, aujourd'hui encore, on se trébuche à chaque pas contre ces débris d'un cadavre encore tiède ; voilà pourquoi le souffle révolutionnaire, devenant moins violent et l'enthousiasme moins chaud, nos ennemis reparaissent et s'arment de la liberté elle-même, pour répandre à pleines mains dans notre atmosphère le poison de la défiance et de la haine. Etablissons donc clairement notre but et ce que nous avons à faire pour y arriver et attirer vers lui les intentions-généreuses et les nobles cœurs.

Ce n'est pas parce que la République est la forme de gouvernement la plus pure, la plus désintéressée, la plus favorable à tous, qu'il faut nous réunir autour d'elle, et la défendre au péril de nos jours; non, mais c'est parce qu'elle est l'expression d'un nouvel âge dans la vie de l'humanité; elle signifie que les peuples ont grandi, qu'ils sont devenus virils, et qu'avec cette virilité Dieu leur a départi des fonctions, des aptitudes et des facultés nouvelles avec des devoirs nouveaux : tous ceux qui dans le fond de leur cœur nient la République, refusent ces facultés et ces devoirs, ils mentent à leur virilité, ils s'abdiquent, ils forment un parti. Voilà pourquoi le parti conservateur a été le plus lourd et le mieux caractérisé de tous ceux qui depuis quarante ans ont imposé leurs passions à la France, c'est qu'au lieu de croire à la nécessité d'une régénération et de la favoriser, il a toujours voulu faire entendre que la nation était vieillie et qu'il fallait lui ménager convenablement la vie pour prolonger sa carrière : l'avenir dira s'il avait tort ou raison, le présent l'a déjà condamné.

Ces personnalités, ces passions qui depuis cinquante ans s'imposent à la France, la République doit en quelque sorte les étouffer en réalisant la fusion de toutes les classes, en appelant autour d'elle la foule immense des déshérités. Cette difficulté qui, une fois résolue, doit décider de la paix et de la guerre, ne demande pas une réalisation immédiate ni forcée, mais elle réclame d'abord l'assentiment universel; c'est le christianisme s'offrant à Rome pour la régénérer et lui demandant autre chose que des hommages éphémères.

Après lui avoir prêté son appui, la France s'en ira-t-elle aussi s'éteindre loin de ses triomphes futurs ; voilà ce que la République va décider bientôt. Mais comment le fera-t-elle si le concours de tous nos sacrifices lui manque ? lui suffira-t-il qu'elle proclame encore avec notre fracas habituel l'égalité des droits pour tous, et qu'elle promène trois grands mots sur nos drapeaux ? Nous avions encore cette devise il y a dix-sept ans et elle ne nous a pas empêchés de redescendre dans l'arène révolutionnaire : est-ce donc en la proclamant encore une fois et sans rien organiser, que nous nous sauverons, que nous sauverons aussi ce peuple d'ouvriers que l'Angleterre tient comme attachés à la roue, et ces bandes innombrables que dirigent encore en Autriche et en Russie, comme des troupeaux de bêtes, la canne et le knout? Non, toutes vos proclamations ne seront que des éléments de dissolution, de décadence même, tant que cette formule de la fraternité, ne se réalisera pas en prenant substance dans le corps social, en s'incorporant d'une manière palpable dans les lois et les mœurs ; il faut maintenant que cette divinité descende enfin parmi nous et se fasse homme.

Voyez comme tout languit par son absence dans le grand organisme social ; les différents organes de celui-ci isolés et inquiets s'épuisent, parce que la vie se retire d'eux, ne pouvant circuler librement de l'un à l'autre.

Examinez ce que devient l'agriculture, cette base de la prospérité publique; malgré des communications rapides, et des ressources scientifiques extraordinaires, elle est livrée au milieu d'un peuple de 35 millions d'hommes à des fluctuations qui lui font subir les plus cruelles souffrances : est-ce le manque de numéraire qui l'arrête, est-ce la division de la propriété ou l'antagonisme des intérêts ? Non, c'est l'isolement qui enveloppe les travailleurs, c'est l'absence d'un lien fraternel entre celui qui possède et ceux qui pour vivre sont obligés de lui prêter leurs bras.

Aujourd'hui on se retire des travaux des champs; leur exécution devient par conséquent plus pénible et plus accablante; et le propriétaire réduit à ses propres forces et à celles de sa famille, y est totalement absorbé, car il faut qu'il suffise à tout. Cette absence de la main-d'œuvre tient du reste à une cause générale ; il existe dans toutes les âmes même les plus naïves, une sorte de dessèchement qui les rend indifférentes, et allanguit cette bonne volonté, ce désir de la coopération qui allège l'accomplissement du devoir ; et puis les ouvriers comprennent et sentent dans un repli intime du cœur que l'idée mère qui domine chez le maître est une idée personnelle, qui n'a plus rien de désintéressé ; ils ne voient dans son travail qu'un but tout particulier et égoïste : l'enrichissement ; et dès lors au milieu du bien être qui s'accomplit autour d'eux et à la participation duquel ils n'ont qu'une part pour ainsi dire inaperçue, ils ne se regardent plus que comme des instruments de fortune bientôt oubliés ; l'obéissance leur devient pénible, et cette idée d'une supériorité future, d'une fortune qui se consolide, fait glisser dans leur âme un fiel secret qui contribue pour beaucoup à l'allanguissement de leur activité ; il résulte en définitive qu'ils se retirent de ces travaux où l'homme n'est qu'un simple manouvrier, ils s'en vont chercher des moyens d'existence qui ne les obligent pas autant à une obéissance passive ; de là leur émigration hors des campagnes.

Le propriétaire ne trouve plus ainsi d'auxiliaires ; en trouverait-il qu'il les refuserait, s'il lui était possible de s'en passer ; car un esprit d'hostilité règne entre eux et lui ; et de cet antagonisme, de cette antipathie constante, il naît une défiance réciproque qui rend les devoirs envers les uns et les autres pénibles et faussés.

Il préfère donc se dévouer à sa tâche avec toutes les forces qui lui appartiennent, ses intérêts l'exigent, le succès de sa prospérité en est plus sûr ; mais sa position se rabaisse, et ses fatigues corporelles n'ont plus de terme ; s'enrichir, mener à bien ses affaires, et quitter un état ingrat et sans honneur, voilà son rêve de toutes les nuits, voilà le but vers lequel il se hâte en suant sang et eau ; c'est une sorte de lutte qu'il livre avec sa position, lutte dans laquelle il s'use jusqu'à la vieillesse, car il faut qu'il grandisse bon gré malgré ; et pour grandir il faut qu'il économise sur tout, sur sa nourriture, sur son repos, sur ses joies, sur son sommeil, sur son moral ; ses forces sont dans une tension continuelle, elles s'usent vite, et de ces fatigues de tout genre, il résulte un dépérissement qui le frappe, lui et sa famille. Il est facile déjà de voir la dégénération s'infiltrer parmi les populations agricoles, la force et la beauté s'y altérer et les scrofules gagner chaque jour plus de place ; mais qu'importe la santé, l'égalité matérielle, voilà ce que l'on veut conquérir, au préjudice de l'avenir des générations suivantes.

Il est donc facile de concevoir pourquoi les propriétaires qui vivent dans l'aisance se retirent de l'agriculture ; ils ne veulent pas d'un genre de vie qui absorbe les forces physiques et les forces morales, et les use sans donner en retour la considération et l'honneur. Ceux au contraire qui y persévèrent malgré l'acquit d'une certaine fortune, n'obéissent qu'aux exigences de la spéculation :

ils ne sont pas mus par une pensée de réforme ou de progrès, et leur but est rarement de creuser et d'élargir un sillon plus fertile et plus patriotique.

Cette renonciation, cette indifférence, ce dépérissement de l'activité qui existe de part et d'autre, est un mal qui peut avoir insensiblement les conséquences les plus désolantes. Dans toute action, dans toute entreprise, dans toute vie sociale en un mot, il faut qu'une idée supérieure plane sur tous les intérêts et devienne en même temps leur point d'apui ; aujourd'hui il y a malheureusement absence complète de cette idée dominatrice et synthétique, elle est remplacée au contraire, par un principe de dissolution, par le culte du chacun pour soi ; il n'y a plus d'enthousiasme chez celui qui possède, il n'y en a plus chez celui qui travaille ; et comme c'est à cette source qu'ils puisent l'un et l'autre la conscience de leurs droits et de leurs devoirs, celle-ci étant tarie, il ne reste bientôt plus avec eux que la satisfaction du joueur habile d'un côté, que l'envie et la fausse indifférence de l'autre ; de là plus de sympathies, plus de considération, plus rien que la solitude pour chacun.

S'il est un remède efficace à cet isolement funeste, à cet antagonisme, il ne peut sans contredit exister que dans l'alliance bien entendue de tous les intérêts agricoles ; ce qu'il faut surtout à l'agriculture c'est le zèle et la sollicitude appuyés sur une solidarité puissante.

L'association y détruirait une multitude d'abus et de

servitudes stériles, et pourrait établir les garanties les plus solides à la place de l'arbitraire et de l'esprit d'hostilité qui domine et entrave le progrès ; elle ferait naître ensuite un respect plus véritable pour la chose publique, une protection plus religieuse envers la propriété, la propriété ne faisant plus seulement l'orgueil et le bonheur de quelques-uns, mais étant consacrée à la conservation de tous les êtres. Elle rendrait ensuite les intérêts moraux de l'agriculture plus compacts, plus serrés et plus unis ; la vie politique s'y développerait d'une manière sure et normale ; et appuyée sur l'indépendance native des populations agricoles, elle pourrait s'élever à des hauteurs inconnues jusqu'alors.

En détruisant l'isolement, elle détruirait aussi les craintes chimériques, que fait naître la circulation de ces théories insensées, de ces idées vagues et désordonnées qui vont chaque jour se fondre au soleil ; elle fortifierait la raison publique, qui s'affaiblit et se perd par la dispersion et la divergence de tous ses rayons. Vous craignez le communisme, mais qu'est-il donc ? n'est-ce pas le produit de l'isolement, de l'isolement de la faim, comme de l'isolement de la richesse ; le communisme, c'est un châtiment, c'est un spectre qui poursuit sans cesse l'amour exagéré des richesses ; sous le règne de Louis-Philippe, s'enrichir était le but de la vie ; le résultat justifiait tout, on ne valait qu'autant que l'on possédait ; cette passion de s'enrichir poussée bien au delà de ses limites naturelles , fit naitre en face d'elle dans les couches inférieures de la société , une réaction , une passion opposée , antipode de la première : pendant que des parvenus savaient du jour au lendemain , s'appesantir en maîtres sur leurs frères pauvres , et étaler aux yeux de leurs égaux la vanité de leur richesse insolente, ou parlait sans cesse d'égalité , de liberté , et de fraternité ; pouvait-il se trouver au milieu de tous ces mensonges constitutionnels, et pendant tous les scandales de l'agiotage , une formule plus éloquente pour exciter les rêves de la faim et de la misère ; ces rêves ne devaient-ils pas aller même jusqu'au délire ; aujourd'hui donc , s'ils se personnifient , s'ils prennent un corps, s'ils sont menaçants , c'est votre faute ; maintenant sachez détourner cette épée de Damoclès et faites en sorte que le règne de la vérité et de la justice arrive.

Le premier travail de la République consiste donc à délivrer les âmes du joug de l'égoïsme et de la solitude , et à les préparer à l'avenir par des institutions solides et vivaces : la République n'est ainsi qu'une question d'association et d'organisation. Solidarité en agriculture, solidarité dans l'industrie, solidarité entre les communes , entre les villes, entre la capitale et celles-ci, voilà la trame de l'organisation future, et le fondement le plus solide de la paix du monde. Le développement de la commune doit être surtout le but des institutions fondamentales ; la commune est restée jusqu'aujourd'hui obscure, délaissée et sans initiative aucune, et cependant élevez la base, vous éleverezinfailliblement le sommet. Il y a un grand danger à concentrer dans une capitale toutes les ressources d'une nation ; la vie intellectuelle y devient trop active, et le sang ne s'y trouvant plus tempéré par le calme de la province, l'âme s'emporte et prend vers l'inconnu un vol que l'on ne peut suivre, et qui peut devenir fatal.

Aussi Paris a devancé de beaucoup le reste de la France; cette capitale qui a déjà donné tant d'ovations à l'émeute, peut conserver le goût de ces explosions passagères, et elle a besoin, pour se préserver de l'énervement qui en résulte, d'un lien qui la rattache sans domination au mouvement bien réglé de l'organisme social ; il faut qu'elle remette le pied sur la terre, comme le géant Anthée, pour refaire ses forces et se rajeunir; sa fonction n'est pas d'exercer une suprématie exclusive, quelle qu'en soit la splendeur, mais bien d'être comme l'Océan, de recevoir les fleuves, de les attirer même, sans forcer jamais leur cours, pour déverser ensuite avec leurs produits, la fécondité sur toute la terre.

II.

LA GUERRE.

Maintenant si la France vit d'une vie nouvelle, comme cette vie doit aussi devenir celle des nations ses voisines, elle est obligée de l'asseoir dans son sein et de l'appuyer en même temps partout où elle peut se développer et grandir. Dès aujourd'hui, grâce à elle, la politique prend une autre attitude, parce que désormais les différentes familles européennes, avec joie ou avec contrainte, vont obéir à leurs tendances naturelles, et se rapprocher de leurs affinités, l'enveloppe glacée de la politique expectante se brise tout-à-coup. Dès lors deux principes, deux éléments se trouvent seuls en présence, et s'apprêtent à se partager la surface de l'Europe. Le principe démocratique et civilisateur, et le principe barbare compresseur et égoïste, chacun avec le cortége de leurs antipathies réciproques ; le premier domine toutes les races du midi et de l'ouest de l'Europe, le second tient serrées les races modernes des Slaves, des Tudesques et des Tartares. C'est de cet antagonisme que découleront tous les dangers futurs : *Ab aquilone omne malum :* c'est vers lui que la politique doit diriger toutes ses pensées, toutes ses prévoyances, toutes ses sagesses ; car seul il dominera tous les faits, et ce n'est plus comme autrefois une diplomatie d'équilibre qu'il faudra faire intervenir, ce sera une diplomatie vigilante, au langage fraternel, mais énergique, parlant toujours d'une voix haute, digne et majestueuse.

Ces deux éléments ne peuvent vivre longtemps en paix ainsi face à face ; ils portent chacun dans leurs flancs une puissance d'expansion qui sera fatale à l'un ou à l'autre, qui absorbera l'un ou l'autre, peut-être dans un temps donné, parce que l'identité de leur mission doit nécessairement les mettre aux prises, et les appeler sur le même champ de bataille.

La civilisation veut réaliser l'unité par la liberté et la fraternité, la barbarie par la conquête et peut-être par la transplantation des différentes races sur un sol étranger ; que la civilisation oublie son but, qu'elle perde un moment les caractères qui émanent de son essence, c'est-à-dire l'abnégation, le dévouement, etc., elle se rapproche

de sa rivale, elle devient aussi égoïste ; et ce point de
similitude brisant l'antagonisme, elle ne tarde pas à se
laisser absorber, parce qu'elle change de nature, parce
qu'elle devient barbare, mais barbare énervée : les mêmes lois gouvernent inflexiblement les destinées de la
barbarie. Telles sont les idées qui doivent dominer toute
la politique future.

Mais examinons les ressources réciproques, les chances de succès, l'avenir, en un mot, de ces deux rivales.
Fatiguées par une longue carrière, par une succession
de triomphes et de revers, les races du midi sentent déjà
circuler dans leur sang, un énervement secret ; elles in-
clinent insensiblement vers le sommeil ; parfois réveillées
par une commotion subite, si elles rouvrent les paupiè-
res au milieu de transports passagers, c'est pour les laisser presque aussitôt retomber ; ainsi l'Espagne couverte
de blessures encore saignantes, est couchée sur le lit du
despotisme et du mensonge, depuis dix ans elle s'acharne
à labourer sa propre chair du tranchant d'une épée qu'il
lui serait peut-être impossible de tenir longtemps dirigée
contre l'ennemi ; le Portugal porte à tous ses membres
des bracelets de fer, et la main gantée d'une reine le fla-
gelle aux grands éclats de rire d'Albion ; l'Italie aux nobles passions se réveille à peine, et il est douteux si au
fort de la mêlée, alors que la houle sera impétueuse, et
la bise glaciale, elle ne se prendra pas à soupirer après
les promenades de ses vallées, et les douces et fraîches

senteurs de ses golfes ; l'Angleterre sent remuer les ro-
chers qui abritent ses iniquités impunies, elle cherche
à déverser sur quelque terre que ce soit, le trop plein qui
fera déborber le vase ; l'Allemagne ! elle est encore en-
thousiaste, elle croit encore en Dieu, et des pensées fra-
ternelles frémissent dans son cœur ; or, sa pensée, c'est
la pensée de l'Europe, elle est forte et mâle, comme la
majesté des forêts germaines, mais elle aura peur de
nous, ou bien elle restera à rêver dans la mélancolie de
son ciel brumeux.

Il ne reste donc plus que la France ; point de départ
de l'étincelle électrique, il faut qu'elle en reste la source
toujours plus puissante, toujours plus féconde ; qu'elle
tende non pas à éterniser les discordes, mais à manifes-
ter l'unité vivante du monde chrétien. Elle est la plus
forte, car il ne lui manque rien ni au physique ni au
moral ; elle a de l'or, elle a du fer, elle a une situation
admirable ; appuyée à l'extrémité de l'Europe, comme
sur le levier d'Archimède, il ne lui manque qu'un point
d'appui, l'unité des cœurs et des âmes, et elle peut l'avoir :
nulle patrie ne compte plus de savantes têtes, plus de
cœurs généreux, plus de courages invincibles ; en un mot
elle tient à la fois dans ses mains toutes les forces du
monde et ses destinées. Mais chez elle comme chez ses
voisines, règne un principe secret de dissolution ; des
déceptions sans fin l'ont livrée aux faiblesses de l'indifférence, aux ironies du scepticisme, des souvenirs

amers arrêtent encore ses élans, sa loyauté, son initiative ; cependant la grandeur des périls, la magnificence de la mission peuvent encore rendre à ses facultés premières leur plénitude, et à son génie tout son essor, cela est indubitable.

Au nord de l'Europe la scène est bien différente ; pendant qu'une déchéance frappe à la fois au midi les rois et les peuples qui s'entre-déchirent, des forces innombrables s'amoncellent en silence, cachées par la solitude des déserts ; une nation vierge encore de la civilisation, d'une rudesse et d'une âpreté indomptables, tenue dans la main d'un seul homme qu'elle regarde comme un Dieu, et qu'elle appelle son père, rêve la conquête du monde et attend que l'heure sonne où elle devra mettre la main sur ces richesses, entassées par un siècle d'égoïsme.

Elle porte en elle des vertus inconnues à la civilisation, et qui se résument en une abnégation absolue en face du devoir ; endurcie par le martyre et la discipline, elle monte comme un torrent de forces vives, que n'arrêteront pas un jour des nations égoïstes, détachées des lois providentielles.

Qu'on ne dise pas que la Russie a son expansion naturelle vers l'Asie ; cela n'est pas, les lois qui ont poussé les barbares sur la civilisation romaine existent encore ; les Russes jeunes et ardents, mobiles et fanatiques, n'iront pas se jeter dans l'inertie asiatique ; il leur faut des conquêtes émouvantes comme celle de l'Europe riche et rassasiée ; il leur faut une nouvelle Italie.

Que l'on ne croie pas non plus qu'ils se laisseront disjoindre par l'esprit révolutionnaire ; le sang qui coule dans leurs veines est encore trop barbare, trop formé de principes sauvages ; il est si facile, si naturel dans leurs steppes glacées de se laisser aller aux rêves de la démolition ? Et du reste n'ont-ils pas des avant-coureurs dans ces assassins qui mutilent à Milan les femmes et les vieillards.

Telles sont les deux puissances, les deux races, les deux éléments qui se partagent l'Europe, et se trouvent en présence pour s'en disputer le sceptre ; déjà ils s'entrelacent l'un et l'autre par des expansions nombreuses qui se projettent et s'enfoncent en avant, allant chercher l'ennemi en quelque sorte et rendant les difficultés plus inextricables et la lutte certaine.

Dans ce moment l'absolutisme rentre dans ses limites, il consent aux faits accomplis, il n'exige que l'intégrité de ses troupeaux d'hommes ; mais laissez-le couver sa vengeance dans son aire ; il saisira bien vite une occasion de guerre ; il va exalter d'abord l'antipathie, l'animosité, le point d'honneur qui existe entre les deux races, il soufflera dans l'âme de ses peuples la haine des méridionaux efféminés ; puis il assassinera la Pologne, il flattera les bourgeois de Vienne ou de Berlin, il les achetera s'il le faut avec les mines de l'Oural, il les endormira

17 ans du sommeil dont nous avons dormi nous-mêmes ;
puis, aidé de leurs suffrages, il se fera déclarer le fléau
de l'anarchie, le vengeur des rois, le bras de la justice,
le champion de la Religion, et il arrivera sur nous.

Eh bien ! c'est à nous d'être les fléaux du despotisme,
les vengeurs des peuples et les soutiens des faibles ; en-
fermons-le dans ses limites, traquons-le avec nos idées,
avec nos triomphes moraux, avec notre commerce même,
et par tous les moyens qui ouvrent l'esprit des peuples.
Et pour assurer nos succès, provoquons d'avance un
grand congrès, où tous les peuples forts ou faibles se
verront entourés de l'éclat de la justice la plus pure et du
respect dû à toutes les nationalités ; s'il le faut même,
imitons Louis IX, rendons à l'Italie l'île de Corse avec
garanties et protection. Ce sacrifice qui ne sera que mo-
mentané, nous rendra les arbitres de l'Europe et nous
vaudra pour toujours l'appui de la robuste Allemagne.

Que du haut de notre tribune parlementaire s'échap-
pent sans cesse, pour se répandre sur toute la surface de
l'Europe, des paroles de la justice la plus pure, de la
vérité la plus absolue, de la vérité la plus sincère ; que
les peuples soient toujours dans la joie de nous écouter,
et non plus dans la terreur d'entendre nos cris de guerre
et de conquêtes. Et s'il est nécessaire enfin de faire la
guerre, les prétextes ne nous manqueront pas pour la
rendre légitime ; le czar nous appelle impies et anarchis-
tes, montrons-le comme l'assassin de la Pologne, comme

un barbare, comme un antichrétien qu'il faudra refouler dans ses limites et qui ne doit jamais porter sur l'Europe une main sacrilége. Oui, faisons la guerre s'il avance, car un moment de recul de notre part serait peut-être le premier pas vers notre ruine.

Sachons bien que nous avons déjà laissé mourir la Pologne, que depuis 17 ans notre pavillon s'est trainé dans la peur et qu'il le faut redresser haut. Sachons bien que la terre tressaille de joie et d'espérance, que tous les peuples nous tendent les bras, qu'ils livrent leurs membres au martyre en nous attendant, et que s'il leur arrive malheur, le sang versé rejaillira sur nos têtes.

Aujourd'hui nous avons encore une Pologne qui s'apprête à nos portes à mourir pour nous ; ne la laissons pas se trainer dans le sang et demander grâce, allons avec elle la défendre, allons-y tous s'il le faut, nous verrons bien vite le despotisme rentrer dans ses antres, épouvanté devant cette croisade sublime. Mais si nous hésitons une fois, si nous reculons, si notre cœur tombe en défaillance, si nous rompons notre faisceau, retenons le bien, c'en est fait, nous sommes perdus.

Ce qui nous rendra fort, c'est la solidarité ; ce qui nous affaiblira, c'est l'isolement : si la France vacille, si elle se trouble, si elle s'épuise en intrigues, en versatilités, en inconséquences, tout, autour d'elle, vacillera, se troublera et s'épuisera ; si elle renferme des ferments sérieux d'anarchie, si des sectaires impatients la sollicitent avec trop de facilité de leurs systèmes vaporeux ; l'absolutisme s'en saisira avec joie et sans manquer, il dira à ses voisins, à ses sujets : prenez garde, les présents de la France sont tous empoisonnés et ses alliances, perfides. Si au contraire nous sommes unis, serrés, silencieux, il aura peur, il vacillera, il se troublera, il sentira ses membres faiblir et l'abandonner. La France doit donc se propager partout, non plus par des impatiences, des irritations, des menaces ou des hymnes guerriers, mais par l'image de sa sagesse, de sa force, de son harmonie.

L'œuvre presse, sachez le bien, le temps nous emporte comme dans un gouffre ; hier vous ne vous attendiez pas à la République, demain vous pouvez entendre le bruit des tombes ; ne dites pas : le travail est difficile, chargé de péripéties, et par conséquent d'une grande durée, c'est une élaboration lente dont nous ne verrons pas le résultat ; non, ne dites pas cela, l'œuvre pour laquelle vous souffrez aujourd'hui doit avoir une réalisation immédiate. Elle ne veut ni retard, ni hésitations ; il y a un siècle qu'elle est commencée, deux générations sont mortes glorieusement pour elle, aujourd'hui c'est le dernier jour du travail, et il ne s'agit plus ni de mourir, ni de conquérir, il s'agit de conserver.

Mais en ce moment une chose m'épouvante ; si les dangers que court la patrie, si le concert de tous ces peuples qui veulent vivre libres n'échauffent pas suffisamment les âmes, ne les réunissent pas en un faisceau fraternel, ne

les reconduisent pas à cette source de régénération qui
est l'abnégation et le sacrifice, car c'est par le martyre qu'il
faut vaincre aujourd'hui, comme il y a deux mille ans,
qu'est-ce qui les échauffera et les empêchera de faillir ?
puisque la Religion n'est plus avec nous, puisque depuis
quelque temps elle s'est épuisée à retenir l'homme trop
terre-à-terre. Où sont ses ministres aujourd'hui et que
font-ils ?

Les premiers, ils ont accueilli l'installation de la République avec les apparences de la joie, ils se sont proclamés
ses gardiens séculaires, ils ont dit : l'Evangile c'est le
premier catéchisme du républicain : malgré cet assentiment, il ne se sont pas mêlés davantage au peuple ; ils
n'ont pas dit, où sont vos hommes, voyons aussi s'ils sont
les nôtres, éclairons-nous mutuellement, rapprochons-
nous les uns des autres, car voici l'heure où il nous faut
reconstruire la nouvelle Jérusalem.

Non, ils ne l'ont pas dit, mais ils se sont renfermés dans
un silence qui a paru redoutable au plus grand nombre ;
pourquoi leur bouche, d'où ne doivent s'échapper que
l'espérance et la consolation, a-t-elle pu laisser sortir des
paroles farouches en elles-mêmes, des paroles qui jettent
la défiance et le découragement dans les âmes faibles et
timides ? Si des dangers existent, si des nuages s'amoncellent sur nos têtes, venez donc au grand jour conjurer
l'orage, venez donc comme votre Saint-Père, au milieu
des femmes, des enfants, des vieillards, n'ayez peur ni

des acclamations de l'enthousiasme, ni des transports du patriotisme, mais venez montrer si votre cause est aussi celle du peuple, celle de la France.

Ah ! ce n'est pas au grand jour qu'ils agissent, ce n'est pas dans le tumulte des villes où la presse veille et ne s'endort jamais, où l'enthousiasme est toujours indiscret, et la curiosité publique aux écoutes, où un courant d'idées fébriles arrache au secret le moindre bruit, ce n'est pas dans les villes qu'ils espèrent, ils sèment sur un terrain plus calme et plus discret ; c'est dans le silence des campagnes qu'ils rangent et disciplinent leurs partisans égarés, dans ces campagnes que vous négligez tant, que vous dédaignez toujours ; ils ne les prennent pas tous ensemble, mais ils les visitent en secret, ils les recrutent dans l'ombre, cette mère de la terreur.

Vous ne vous régénèrerez, se sont-ils écriés, que par le sentiment religieux : oui cela est vrai ; mais ce sentiment, il n'est plus chez eux, car depuis longtemps, ils ne gardent plus qu'un sanctuaire vide, ils ont perdu l'esprit du Christ, ils ont cessé de boire de son sang et de se nourrir de sa chair. Si le travail de la régénération ne commence pas d'aujourd'hui, pourquoi donc n'ont-ils pas préparé déjà les yeux des peuples à des horizons plus vastes. Pourquoi déjà n'ont-ils pas tracé les voies de la vérité d'une manière plus nette et plus large ? Tant de questions se débattent, tant de problèmes sont à résoudre, pourquoi ne nous aident-ils pas ? Qu'ils se régénèrent donc aussi, ouvriers infatigables, qu'ils nous montrent le chemin du sacrifice, qu'ils viennent encore une fois courber le front sous les eaux du Jourdain, nous marcherons avec eux ; tous nous les suivrons en bénissant Dieu et ses ministres véritables.

Mais n'attendons pas le régénérateur, parce qu'il ne reviendra plus, seulement il a laissé parmi nous son esprit pour nous inspirer ; c'est de nous tous que la régénération doit venir, et voilà ce qui rend le mouvement actuel si gigantesque et si magnifique, c'est qu'il doit finir par entraîner vers le même but tous les membres de la grande famille européenne, sous peine de dévier et d'aboutir à un abime ; il ne sera même pas donné à un seul homme, comme autrefois, de le diriger, de le dominer ; non, le succès dépendra de l'universalité des citoyens, de leurs tendances, de leurs efforts vers l'unitéisme.

Nous nous trouvons dans la situation du 15e siècle ; alors aussi les peuples se lançaient à l'aventure dans les hasards des découvertes, et l'apparition d'une nouvelle terre excitait des acclamations unanimes ; depuis le 18e siècle, nous nous sommes mis à la recherche d'un nouveau monde, monde de bonheur et de liberté. Déjà nous croyons entrevoir dans le lointain les rivages de cette terre promise ; l'espérance aiguillonne l'imagination et les désirs, nous nous pressons encore une fois sur cette mer de hasards, et nous subissons sans cesse le naufrage des déceptions ; c'est que dans cette terre de bonheur et de liberté, nous ne pouvons entrer que tous ensemble, ou sinon la fraternité se voile : alors aidons-nous les uns les autres.

Vous riches, regardez un moment ces grandes misères qui rongent le corps social, l'énervent et gâtent une partie du plus pur de son sang ; ne croyez pas que ces hommes en guenilles soient toujours les enfants de la débauche et du vice ; allez parmi eux ; vous êtes les fils du Christ, soyez donc ses missionnaires ; Dieu a aussi donné à ces déshérités, une intelligence, un cœur, une âme ; cherchez en eux une parcelle de cette âme, peut-être que le souffle de votre charité y ranimera le feu de la vie ; ils ont maudit votre luxe, ils ont assailli vos demeures, ils ont poussé des cris d'un délire féroce ; mais pendant que des opulents assis devant un feu qui flambait, à côté d'une table qui ne manquait jamais, n'avaient d'autre souci que celui d'énumérer leurs richesses, leurs frères, leurs enfants criaient la faim devant un foyer toujours mort.

Ne leur faites plus l'aumône de votre or, donnez leur des prêtres libres, qui ne leur prêchent plus la nécessité du riche et celle du pauvre, mais la nécessité du travail, la nécessité de la régénération de l'âme.

Et vous hommes de la bourgeoisie, vous qui avez surtout profité de 95, qui êtes aujourd'hui les héritiers des priviléges de la noblesse, laissez s'échapper de vos mains quelques-uns de ces priviléges, faites sur l'autel de la patrie quelques sacrifices pour acheter la paix du monde, on vous demande si peu. Aidez-nous à élever l'ouvrier vers vous ; il est lent au travail, et vous maudissez quelquefois son mauvais vouloir; mais pourquoi ? avez-vous demandé s'il était toujours bien nourri , bien couché et si son réveil n'était pas accompagné de douleurs poignantes ? Et vous mêmes n'avez-vous pas augmenté ses douleurs en vous imposant à sa nécessité, en l'exploitant à votre profit. Ne savez-vous pas qu'une heure de déception peut briser l'âme et la tenir pour toujours couchée à terre.

Venez avec nous , on ne vous demande aujourd'hui ni vos bénéfices ni une partie de votre fortune, on vous prie seulement de ne pas crier à l'impossible , et de chercher un jour, un seul jour, dans le fond de votre conscience, si l'on ne peut améliorer ces grandes misères, si l'on ne peut détruire cette défiance qui nous sépare les uns des autres et qui fait de notre belle patrie deux camps opposés. Si vous croyez que cela se puisse, cherchez le remède un moment, rien qu'un seul moment chaque matin; rendez cet hommage à Dieu et à l'ouvrier.

Et vous, ouvriers, sachez bien ceci : ce qui cimente un édifice et le rend solide , ce qui donne de la stabilité au bonheur, c'est la pratique des vertus, c'est le frein imposé aux passions, c'est la science de la conservation enfin. Si vous vous emportez , si vous vociférez , si vous criez au pillage , à l'incendie , à la guerre , si vous devenez enfin les maîtres de ces richesses tant enviées, vous ne resterez jamais qu'un jour, qu'une heure peut-être au fait de la puissance, parce que vous n'avez pas les vertus qui la méritent et qui savent la conserver ; vous seriez comme des marins rebelles sur un vaisseau sans pilote et sans voiles, et après que vous vous seriez déchirés vous-mêmes au milieu des horreurs de l'anarchie, vous retomberiez bien vite dans un esclavage plus dur, car les vertueux sont aussi les forts, et vous perdriez avec la victoire tout espoir de régénération ; vous voudriez la guerre, que vous ferait-elle de plus ; elle vous rendrait deux fois esclaves, esclaves pour votre dénuement, esclaves pour votre nationalité trahie.

Enfin, tous nous avons à nous fortifier par des vertus communes, la patience, la résignation et la vigilance ; subissons la loi quand elle est juste, nécessaire, fatale ; la loi, c'est nous, si nous la respectons, si nous lui donnons force et dignité, nous nous partageons tous les reflets de son prestige. N'écoutons plus aveuglément nos intérêts de foyers, de famille ou de parenté, laissons nos personnalités en dehors du grand drame qui se déroule, nous n'avons le droit de les y apporter qu'en sacrifice. N'oublions pas notre point de départ, et regardons toujours droit au but ; il s'agit de prévenir un nouveau déluge de barbares, ne soyons pas nous-mêmes barbares en restant égoïstes ; le travail est plus facile qu'on ne pense et sa réalisation plus proche aussi. Dieu n'a-t-il pas fait déjà la moitié de l'ouvrage, recevons donc tous les succès qu'il nous déverse à pleines mains, et ne laissons passer aucune des occasions qu'il nous envoie.

Ne disons pas, l'avenir est plein de nuages, l'anarchie est à nos portes, la trahison nous mine ; ne disons pas cela, puisque la force est en nous tous, que tous nous devons veiller au salut général, puisque tous les honnêtes gens forment une majorité unie et imposante ; les malveillants, les réactionnaires sont peu nombreux et faciles à reconnaître ; ne vous en inquiétez pas, laissez-les vivre avec leur sang d'esclaves, ils finiront insensiblement par s'éteindre dans leurs bassesses comme les arbustes au milieu des chênes. Et s'il en est qui aient peur, qui doutent de tout, malgré leur bonne volonté, qu'ils se retirent à l'écart ; en restant parmi nous, ils seraient autant d'ais mal unis dans lesquels l'ennemi pourrait enfoncer les coins de la démolition.

Ce que nous devons redouter surtout, ce sont les entraînements de cette impatience qui fait le fond de notre caractère national. Le fléau que l'Europe redoute le plus, c'est la furie française ; mais ce qui la rassure, ce qui la protége même, c'est qu'après la victoire, nous prenons plus souvent le chemin de Capoue que celui de Rome.

On peut s'apercevoir déjà que nos ennemis se sont remis de leur trouble, et qu'ils calculent dans l'ombre de la défaite les chances d'une vengeance peut-être terrible. Et n'ont-ils pas droit d'espérer, quand ils voient la légèrcté française semer partout des désordres insignifiants et inutiles, mettre encore une fois en conflit tous les intérêts privés, entraver le mouvement et faire même des pas rétrogrades.

Nous n'aurons donc jamais les vertus de la patience et l'instinct de la stabilité, nous ne serons toujours qu'un ouragan dans la main de Dieu. N'avons nous donc pour nous que l'emportement de la colère, ou l'enthousiasme éphémère de la victoire. Déjà nous semblons fatigués de notre œuvre, nos cœurs trop remplis d'émotions s'apaisent et ne savent plus palpiter pour la consolidation du triomphe; ils se troublent, de vagues terreurs les agitent; impatients, nous reculons en regrettant les douceurs d'un sommeil passé. Quoi! une poignée de Polonais, membres sanglants dérobés aux cruelles étreintes du vautour moscovite, ont attendu quinze ans dans l'exil au milieu des souvenirs et des anxiétés les plus douloureuses, que la justice de Dieu se fît? Quoi! des millions d'Irlandais, décimés par la faim et par la fièvre, ont depuis des siècles demandé que le droit seul intervînt entre leurs geôliers et eux; ils réclament un arrangement pacifique, et ils l'espèrent toujours, quand eux aussi peuvent balayer les maîtres profanes de leur verte Erin! et nous les forts de la terre, les soldats de Dieu, nous murmurons, nous écoutons les ironies d'un égoïsme vaincu, les derniers soupirs de la peur, pendant que cette République, hier impossible, suit son cours avec le calme et la majesté d'une reine de la terre, pendant que Dieu pour lui ouvrir une arène sans limites, souffle la peur dans l'âme des rois, et la colère dans celle des peuples.

Ah! songeons-y bien, ce n'est pas la main des hommes qui soulève de pareilles tempêtes, c'est Dieu : voyez, la terre se fend d'un bout à l'autre, et sur les deux bords du gouffre les rois et les peuples face à face se regardent étonnés, saisis de vertiges : qui tombera dans l'abîme? les rois ou les peuples? Peut-être, un moment d'hésitation, une heure de sommeil pour les derniers, leur serait fatale. Debout, debout : mais il ne faut pas de sang, le Christ, qui est avec nous l'a dit, remettons notre épée dans le fourreau, voici l'heure où son royaume sera de ce monde. Marchons, nous allons à la conquête de l'éternité; venez entrevoir les merveilles que la liberté promet de répandre à la surface de la terre. Allons partout, souffrons la faim, le froid, le chaud, est-ce que nos frères ont eu peur? Non; avançons donc encore pendant que nos cantiques réveillent toutes les âmes; le barbare étonné sent à ces accents vibrer en lui des sentiments étranges; ses armes lui tombent des mains, il n'ose nous frapper, il recule; le vautour moscovite abandonné n'a plus qu'à se réfugier dans ses steppes, où règne le froid de la mort; laissons-le dans son impuissance ronger en colère son sceptre inutile, le dernier sur la terre.

Mais non, l'égoïsme vit encore; un moment caché dans ses antres obscurs, il a fini par rentrer dans les âmes; il a invoqué la liberté, il s'est indigné au nom de la liberté, il a pris sa part de toutes les choses au nom de la liberté ; en un mot la liberté s'est faite égoïste : elle s'est laissé ravir ses ailes, elle est devenue une nouvelle forme de tyrannie et d'arbitraire. Comme la Religion, elle a eu ses pharisiens, ses hypocrites, ses tartufes, ses courtisans, et ceux-là seuls ont été écoutés. Elle a renversé les vrais rois de la terre, pour mettre à leur place une nuée de petits rois faux et bâtards ; en un mot, l'égalité n'a été qu'une parodie, qu'une prétention insolente et ridicule ; la fraternité, qu'un mensonge et qu'une exploitation ; il n'y a plus eu de vrais soldats du Christ, de vrais martyrs de la liberté.

Et cependant le despotisme nous menace, il a grandi pendant que la liberté se faisait petite ; s'il arrive, le nouvel Attila, avec ses hordes immenses, comment soutiendrons-nous ses chocs terribles ? aurons-nous encore pour nous rendre invincibles la sublime résignation du martyr, la foi, pour nous sauver des faiblesses du doute, et la fraternité, pour unir tous nos bataillons par des liens que l'épée ne tranchera pas. Ah ! souvenons-nous de Waterloo ; ce n'est pas notre honneur qui a été couché par terre dans ces plaines sanglantes, c'est notre orgueil ; mais aujourd'hui, si une fois encore nous lâchons pied, si nous nous entretenons avec les armes de l'égoïsme, nous laisserons sur le champ de bataille, avec notre honneur et notre nationalité avilie, la liberté captive et souillée.